BARREAU DE POITIERS

DU

SYSTÈME RÉPRESSIF

ET DE

LA POURSUITE CRIMINELLE

EN ANGLETERRE

—◆✱◆—

DISCOURS

PRONONCÉ

A LA SÉANCE SOLENNELLE DE RENTRÉE DES CONFÉRENCES

Le 21 Janvier 1888

PAR

Jean de VEILLECHÈZE de la MARDIÈRE

Avocat à la Cour d'appel, secrétaire de la Conférence

POITIERS

IMPRIMERIE BLAIS, ROY ET Cie

7, RUE VICTOR-HUGO 7

—

1888

BARREAU DE POITIERS

DU

SYSTÈME RÉPRESSIF

ET DE

LA POURSUITE CRIMINELLE

EN ANGLETERRE

>—★—◄

DISCOURS

PRONONCÉ

A LA SÉANCE SOLENNELLE DE RENTRÉE DES CONFÉRENCES

Le 21 Janvier 1888

PAR

Jean de VEILLECHÈZE de la MARDIÈRE

Avocat à la Cour d'appel, secrétaire de la Conférence

POITIERS

IMPRIMERIE BLAIS, ROY ET Cⁱᵉ

7, RUE VICTOR-HUGO 7

1888

Le samedi 21 janvier 1888, à deux heures et demie, l'Ordre des avocats à la Cour d'appel de Poitiers s'est réuni en robes, dans la salle d'audience de la première Chambre de la Cour, pour l'ouverture de la Conférence des avocats stagiaires.

Étaient présents : M. Arnault de la Ménardière, Bâtonnier, présidant l'assemblée; MM. Levieil de la Marsonnière, officier de la Légion d'honneur, doyen de l'Ordre; Faure, secrétaire; Orillard, Normand, Druet, Pichot, Séchet et Mousset, membres du Conseil de l'Ordre; MM. Parenteau Dubeugnon, Dufour d'Astafort, Jarrassé, de Laulanié de Sainte-Croix et Palustre, avocats inscrits au tableau.

La barre était occupée par MM. les avocats stagiaires.

M. le Bâtonnier a ouvert la séance.

M. le Bâtonnier a ensuite annoncé la reprise des travaux de la conférence et donné la parole à M. de Veillechèze de la Mardière, qui a lu une étude sur *le Système répressif et la poursuite criminelle en Angleterre*.

M. de Villedon a prononcé l'éloge de Demo-
lombe.

Après ces deux discours, M. le Bâtonnier a
réglé le service de la conférence pour les séances
ultérieures fixées, suivant l'usage, au samedi de
chaque semaine, à deux heures et demie précises;
puis il a déclaré la séance levée.

Rentré dans la Chambre de ses délibérations,
le Conseil, composé comme il est dit ci-dessus, a
décidé que les discours de MM. de Veillechèze de
la Mardière et de Villedon seraient imprimés aux
frais de l'Ordre.

Poitiers, les jour, mois et an que dessus.

SYSTÈME RÉPRESSIF

ET DE

LA POURSUITE CRIMINELLE EN ANGLETERRE

Monsieur le Batonnier,

Messieurs du Conseil,

Messieurs,

L'étude comparative des lois qui régissent les différents peuples est un complément indispensable de celle du droit.

Elle a le privilège de développer les connaissances historiques, d'élever ce qu'on pourrait appeler le *sens juridique* et de former le jugement.

Une telle étude devrait être le couronnement de toute éducation libérale. Elle s'inscrit en tous cas d'une façon très utile, j'oserais dire nécessaire, au programme de ceux qui, en abordant la noble carrière du barreau, se sont penétrés des devoirs et de la haute mission qu'ils imposaient à leur vie : concourir à l'œuvre de la justice, aider de leurs labeurs aussi infatigables que désintéressés les travaux du législateur, et contribuer ainsi au relèvement moral de leur pays.

C'est éclairés de ces idées élevées, et non pour obéir à ce courant irréfléchi qui nous porte, en France, depuis près d'un siècle, à calquer nos institutions et nos mœurs sur celles de nos voisins d'outre-Manche (aberration intellectuelle qu'on a spirituellement désignée par un néologisme bien connu), que vous avez voulu, Messieurs, livrer à nos jeunes méditations le *Système répressif Anglais*, en le désignant comme thème de ce discours traditionnel.

Qu'il me soit permis de saluer avec reconnaissance, dans l'inspiratenr de ce choix heureux, celui que vos suffrages ont si justement élévé pour la quatrième fois à la première dignité de notre ordre. Vous lui avez ainsi donné l'occasion de perfectionner, dans nos conférences du stage, l'œuvre déjà commencée par lui, près de la plupart d'entre nous, sous les voûtes de l'école, en mettant à notre service sa haute science juridique et son dévouement expérimenté.

Au moment où il est question, devant nos Chambres, de la réforme de notre Code d'instruction criminelle, il est intéressant de rechercher par quels moyens pratiques les autres nations tentent de perfectionner leurs lois sous ce rapport.

Ce travail, en ce qui concerne spécialement l'Angleterre, doit nous amener à discuter les principes mêmes de la législation répressive. Nous y trouverons assurément des comparaisons qui sur plusieurs points sont tout à l'honneur des progrès réalisés dans notre pays; mais nous devrons constater aussi que l'idéal est loin d'être atteint, qu'il nous faudra encore de longs efforts pour nous en rapprocher.

Tout autre que moi, Messieurs, dans notre conférence, eût été plus à même assurément d'aborder devant vous une étude aussi délicate et qui exige tant de connaissances spéciales. C'est vous dire à quelle rude épreuve vous avez mis mon inexpérience en daignant me confier l'honneur de vous entretenir aujourd'hui. Mais plus je m'en reconnais indigne, et mieux je sais apprécier ce nouveau gage de la bienveillance dont vous n'avez cessé d'entourer mes débuts dans l'exercice des devoirs de notre profession : bienveillance à laquelle je me permets de faire un nouvel appel en ce moment où j'en ai plus besoin que jamais.

*
* *

Au moyen âge, Messieurs, et particulièrement au xii° siècle, la jurisprudence anglaise et la jurisprudence française offraient de grandes ressemblances et paraissaient être sœurs. De nos jours, au contraire, elles sont éloignées à tel point que la comparaison n'en est plus possible.

L'ère de transformation pour notre pays date du xiv° siècle. A partir du xv°, en effet, les coutumes, quoique variant à l'infini, font l'objet de rédactions officielles, et, d'autre part, nos rois rendent de nombreuses ordonnances qui forment bientôt, sous Louis XIV, de véritables codes.

En Angleterre, au contraire, la « *common law* » demeure stationnaire, et si, bien qu'elle ne soit jamais rédigée par ordre de l'autorité, elle présente une certaine unité, elle ne le doit qu'à l'influence des juges voyageurs. Le pouvoir législatif réside dans le Parlement, qui fait des lois au fur et à mesure des besoins, de telle sorte que l'élément pratique l'emporte toujours sur l'élément spéculatif. La procédure reste féodale : en France elle devient canonique. Enfin l'organisation judiciaire diffère complètement dans les deux pays (1).

Ces divergences très profondes dans le droit civil s'accentuent plus encore peut-être dans le système répressif. A cet égard, les lois de nos voisins s'éloignent surtout des nôtres, par l'absence de codification (2), par le caractère et la nature des peines (3),

(1) Cf. E. Glasson, *Histoire du droit et des institutions politiques. civiles et judiciaires en Angleterre*. On sait qu'en Angleterre le jury est le juge de *droit commun*, à l'inverse de ce qui se passe en France. V. à ce sujet une intéressante étude de M. Jean Moiron, d'après Silvela, dans le *Correspondant* du 10 janvier 1885. Cf. id. : *History of the criminal law of England*, par James Stephen, juge à Westminster. —Bull. lég. comp., t., XIII, 1883-84, p. 105.

(2) Cf. Comptes rendus de M. Fernand, Daguin sur deux notices de M. Mayer, professeur de procédure criminelle à l'Université de Vienne — Bulletin de la société de législation comparée, t. VIII, 1878-79 p. 160, et t. IX, 1879-80, p. 54. Cf. id. : Étude de M. Georges Louis, Bull. lég. comp., t. VII, 1877-78, p. 549. Le *criminal code* a été voté le 12 avril 1883.

(3) Dans un livre intitulé : *Observations sur la législation pénale, le jury et les coutumes en Angleterre*, Dom Sébastien Gonzalès Naudin, président de la chambre criminelle de cassation du tribunal suprême d'Espagne, fait remarquer que des lois remontant à Edouard III prononcent la peine de mort contre les enfants ayant agi sans discernement. Une loi de 1842 punit de la peine du fouet tout individu ayant attenté aux jours de la reine ou l'ayant insultée. En cas d'attaque à main armée ou avec violence, la flagellation est aussi ordonnée. En décembre 1884, dans la prison de Newgate, un nommé Jacques

par l'instruction qui reçoit chez eux une certaine publicité qu'ignore notre procédure secrète (1), et par l'organisation du droit de poursuite.

C'est sur ce point Messieurs, le plus important d'ailleurs (2), que portera exclusivement l'étude dans laquelle je dois désormais entrer. Il me serait impossible d'aborder l'examen même superficiel du système répressif Anglais dans son ensemble, sans dépasser les limites dans lesquelles me renferme le souci de ne point abuser de votre indulgente attention.

*
* *

Il est incontestable, Messieurs, « que le *droit de punir*
« a ses racines dans les besoins du corps social, et qu'en
« dépit des sophismes de certains publicistes, l'exacte
« distribution de la justice exige la répression des actes
« qui troublent l'ordre public ou qui menacent la sé-
« curité des citoyens.

« La société pourvoit ainsi à son salut et maintient
« l'équilibre des divers éléments qui la constituent à

Watts a reçu vingt-cinq coups de « chat à neuf queues », sorte de martinet à neuf lanières terminées par un morceau de fer-blanc. Cet individu avait été condamné à cette peine et à six ans de travaux forcés (*hard labour*) pour tentative de vol avec violence. Le duel judiciaire subsiste également, il y en eut un exemple en 1819. La législation sur la confiscation n'a pas varié depuis le moyen âge, et jusqu'en 1859 il en était de même pour l'adultère; mais la loi de 1859 sur le divorce est venu modifier cette partie du droit pénal.

Cf. Bull. lég. comp., t. VI, 1876-77, page 545. — Fernand de Jupilles : Jacques Bonhomme, chez John Bull, p. 102,

(1) Cf. une étude de M. Passez sur l'interrogatoire des accusés en Angleterre. Bull. lég. comp., t. XIII, 1883-84, p. 204.

(2) « Il me paraît certain que l'efficacité de la répression dépend beaucoup
« moins de la sévérité des peines, que de la fermeté, de la certitude, de l'égalité
« et de la promptitude dans l'action répressive. » Paul Vial, Bull. lég. comp., t. XII, 1882-83, page 500.

« l'aide d'une saine application de lois criminelles, dont
« l'absence rendrait évidemment illusoires toutes les
« règles du droit civil. Elle frappe le coupable, non
« sans gémir, mais afin d'imposer par l'exemple une
« crainte salutaire; et, tout en faisant une large part
« aux abus nés de cette prérogative redoutable, il faut
« reconnaître qu'à toutes les époques de l'histoire, la
« répression s'est arbitrée sous l'égide d'une nécessité
« plus ou moins rigoureuse de protection (1). »

Toutefois, à côté de ce principe fondamental du droit
qui veut que tout préjudice causé par un homme à son
semblable soit réparé, que tout crime ait son châti-
ment, la morale en a érigé un autre non moins remar-
quable, et qui a été lui-même reconnu dans tous les
temps, parce qu'il est le contre-poids indispensable du
premier, c'est celui qui défend à l'homme de se faire
justice à soi-même.

De ce dernier principe, Messieurs, sont nés, en se
transformant et en s'améliorant chaque jour dans la
suite des âges, suivant le progrès de la civilisation des
peuples : l'organisation des tribunaux et l'organisation
de la poursuite criminelle. L'une ne pouvait marcher
sans l'autre : sans doute, en effet, c'est une garantie de
liberté, c'est une sauvegarde et une sûreté contre le dé-
bordement des passions, que l'existence de ces magistrats intègres, élevés au-dessus de leurs semblables par
la confiance de leurs concitoyens, et qui, en prenant
place sur le siège de la justice, oublient en quelque

(1). E Dufour d'Astafort, « *Du droit de défense* », discours prononcé à
l'ouverture de la conférence des avocats, le 25 janvier 1868.

sorte qu'ils sont hommes, pour ne prononcer leur sentence qu'après avoir scrupuleusement pesé, impartialement comparé les charges de l'accusation et les défenses du prévenu.

Mais cela était-il une garantie suffisante, s'il était permis à tout homme se prétendant outragé de saisir directement la juridiction répressive et de traîner son semblable au prétoire? N'y avait-il pas dans cette licence du droit d'accusation une satisfaction donnée aux animosités malsaines? N'était-ce point encore se faire justice à soi-même que de pouvoir, sans examen et sans contrôle, engager une action criminelle dont l'issue pouvait sans doute aboutir à une déclaration d'innocence, mais dont les préliminaires auraient souvent entaché l'honneur de l'accusé, molesté injustement une conscience à l'abri du reproche et ruiné quelquefois la considération d'une âme vertueuse ?

Dans un autre ordre d'idées c'était aussi une imprudence que de livrer à l'initiative privée les droits inviolables de la Société. « A part toute circonstance de
« temps et de pays, un tel système, devenu heureuse-
« ment incompatible avec nos mœurs, nos idées, nos
« habitudes, suppose, pour être tolérable, des vertus
« publiques à la pureté desquelles il est bien difficile
« d'espérer qu'on puisse atteindre.

« On a en effet à craindre à la fois la faiblesse, la
« timidité des uns si le coupable est puissant, et, en
« sens inverse, des accusations passionnées qui sont le
« fruit de haines, de vengeances, d'inimitiés, et qui

« produisent à leur tour de longues séries de haines et
« de vengeances privées (1). »

C'est pour obvier à ces inconvénients redoutables
que notre Code d'instruction criminelle a établi la distinction que vous connaissez entre l'action publique et
l'action civile.

L'acte coupable, l'acte contraire à une loi pénale
quelconque, qu'il soit crime, qu'il soit délit ou contra-
vention, est une atteinte à l'ordre public : de là une
action publique qui ne peut être exercée que par les
fonctionnaires désignés par la loi. C'est à ces fonctionnaires que nous appelons, en termes généraux, les magistrats du ministère public, qu'appartient le devoir
d'accueillir la suspicion, la prévention, de s'attacher à
découvrir le mal, à le poursuivre, et, là où il leur ap-
paraît suffisamment démontré, d'en saisir la juridiction compétente pour requérir auprès d'elle l'application de la peine.

Que si de plus l'acte coupable a produit un préjudice, un dommage à une partie privée, il s'ensuit au
profit de cette partie, qui peut seule l'exercer, une
action tendant uniquement à une réparation pécuniaire qui a sa cause, son principe, dans la règle générale de l'article 1382 du Code civil.

Cette distinction n'est pas précisément nouvelle dans
le droit français. Elle y fit son apparition dès le XIVᵉ siècle ; nous la voyons consacrée par l'art. 184 de l'ordonnance de mai 1579, et elle fut enfin définitivement

(1) Boitard. *Leçons sur les Codes pénal et d'instruction criminelle.* Paris,
1835, p. 263.

établie par les deux célèbres ordonnances de 1667 et de 1670.

Mais ce n'est toutefois que par le progrès lent de la civilisation chrétienne qu'elle parvint à entrer dans la pensée de notre législateur. Les monuments du droit ancien ne nous en avaient laissé aucune notion : à Athènes et à Rome elle était totalement inconnue.

Vous n'ignorez pas, Messieurs, la célèbre répartition des crimes en *delicta privata* et *delicta publica* qui se trouve au dernier livre des Institutes. Les Romains, loin de reconnaitre comme nous que tout délit est une atteinte à l'ordre public et qu'il y a pour l'État dette de justice à en assurer la poursuite et à en exiger réparation, n'accordaient ce caractère qu'à une certaine classe d'attentats criminels que, non pas l'État, mais tout citoyen avait le droit, agissant au nom du peuple tout entier, de dénoncer et de poursuivre. Le premier venu pouvait ainsi se porter le réparateur, le vengeur de l'injure faite, du tort causé à ses concitoyens.

Mais pour tous les autres faits délictueux, ne comportant pas cette gravité exceptionnelle, la poursuite ne pouvait avoir lieu qu'à l'instigation de la partie lésée qui requérait alors, en son nom propre, et l'application de la peine, et la réparation pécuniaire du préjudice.

Les Anglais en sont restés là.

*
* *

Chez nos voisins, en effet, Messieurs, l'action publique, bien qu'elle ne soit pas absolument étrangère à la théorie du droit, peut être considérée comme n'ayant pas encore acquis une véritable existence légale. Ce n'est que dans des cas fort rares ou d'une particulière gravité : quand il s'agit de meurtre ou de haute trahison, et lorsque le trésor public est lésé, comme en matière de douanes, de postes ou de monnaie, qu'elle vient se substituer à l'action pénale privée. Encore est-il que, même alors, il faut le silence de la partie lésée pour donner qualité de poursuivre aux officiers spéciaux chargés de ce mandat par la loi.

Ce n'est, vous le voyez, qu'à titre exceptionnel, que s'exercera ce droit de poursuite au nom de la société qu'on peut seul appeler l'*action publique*.

En principe, et pour tous les délits de droit commun, fussent-ils de ceux qui intéressent au plus haut point l'ordre public, la loi Anglaise s'en rapporte exclusivement à la vigilance de l'intérêt privé.

Le plus souvent il n'y aurait pas de poursuite si la partie lesée, ou, à son défaut, si un particulier quelconque ne prenait en mains la direction de l'action répressive, à ses risques et périls, à ses frais, avec les ressources que lui fournissent sa propre intelligence et les conseils d'un homme de loi.

« De là le rôle de ces détectives privés, qu'il ne faut
« pas confondre avec la police officielle, et dont les
« exploits amplifiés et devenus légendaires dans les
« romans à sensation ont défrayé tant de contes ab-
« surdes, avant qu'ils fussent importés chez nous
« (sans doute en vertu des traités de commerce) pour

« servir de type au policier *providentiel* de notre litté-
« rature de cour d'assises (1). »

Un pareil système est-il une garantie suffisante pour
la sûreté des citoyens, une sauvegarde vraie contre les
atteintes portées à l'ordre social ? Les abus sans nombre qu'il a engendrés sont là pour établir trop surabon-
damment le contraire.

Ces abus, Messieurs, ont fait l'objet d'enquêtes sérieuses auxquelles se sont livrés depuis une trentaine d'années les légistes les plus compétents de la Grande-Bretagne. Ils ont servi de thème à nombre d'ouvrages inté-
ressants émanés de divers jurisconsultes étrangers, et
je suis heureux de citer ici l'étude très approfondie
qu'en a faite notre éminent concitoyen, M. le conseiller
Babinet, étude à laquelle je me suis permis de faire de
nombreux emprunts (2).

* *

Comme vous pouvez le prévoir, Messieurs, le danger
le plus redoutable de cet ordre de choses consiste, ainsi
que je le faisais remarquer tout à l'heure, dans l'impuissance pour les petits et les pauvres d'obtenir justice,
parce qu'ils n'ont pas les ressources nécessaires pour
payer les gens d'affaires dont le concours leur est indispensable, ou parce que ceux dont ils ont à se plaindre
sont assez puissants et assez forts, parce qu'ils jouissent

---

(1). M. Babinet, *Étude sur la loi anglaise*, du 3 juillet 1879. (*Bull. lég.
comp.*, t. IX, 1879-80 p. 260.
(2) L. C. — Cf. *id. Annuaire de législation étrangère*, 1880, p. 13, et
1885, p. 42.

d'un crédit suffisant pour échapper à la responsabi-
lité de leurs actes.

D'autre part, au contraire, on voit trop souvent un
excès de zèle ou un calcul déloyal entraîner des poursuites que rien ne saurait justifier.

Le chantage, la corruption, la collusion sont monnaie de libre cours en matière de procès. L'impunité
des crimes les plus monstrueux rapporte parfois des
bénéfices honteux et immoraux au premier chef à
ceux auxquels il appartenait d'en requérir la répression. Il n'est pas nécessaire d'évoquer pour s'en convaincre les révélations plus ou moins fantaisistes de la
Pall-Mall-Gazette : l'enquête de 1855 suffit largement
pour nous édifier à ce sujet.

C'est ainsi que, d'après un témoignage du solicitor
Wilkinson, il paraît que rien n'est plus fréquent dans le
Staffordshire que de voir un *prosecutor*, après avoir
obtenu un mandat d'amener contre un délinquant, s'en
servir comme d'une arme pour lui extorquer de l'argent : au lieu de continuer la poursuite et de remettre
le *warrant* à un officier chargé de l'exécution, il le tient
suspendu sur la tête du prévenu, qui demeure ainsi
dans sa complète dépendance.

Mais ce qui est la cause la plus fréquente de l'impunité des crimes, c'est la question des frais, qui est capi-
tale.

Il arrive très souvent, en effet, que les frais d'une
poursuite criminelle qui doivent toujours être avancés
par la partie poursuivante ne sont pas remboursés par
l'État. Il faut avoir une dose de désintéressement qui

dépasse la mesure ordinaire des gens *pratiques* (fussent-
ils Anglais) pour s'exposer à perdre de grosses som-
mes d'argent sans autre intérêt personnel que la satisfaction, très platonique, d'avoir offert à la société
l'occasion de venger ses droits.

Un avocat Queen's counsel, M. Greaves, rapporte à
ce sujet un fait inouï : « La femme d'un pauvre labou-
« reur fut assassinée et brûlée ensuite. Personne ne
« poursuivait, faute d'argent ; ni le mari, ni la paroisse.
« Un magistrat indigné excita le zèle d'un *attorney*,
« M. Stepherd, qui se constitua *prosecutor*, rechercha
« les témoins, fit condamner le coupable, et reçut les
« compliments du juge et de ses confrères. Mais il en
« fut pour quarante livres sterling (1000 f.) de frais
« non remboursés en sus de ses peines (1). »

Vous ne vous étonnerez pas, Messieurs, après le récit
d'une anecdote semblable, de me voir rendre hommage
à la trop grande vérité de ce dicton bien connu que j'em-
prunte au livre des proverbes anglais : « Il n'y a qu'un
« fou ou un coquin qui puisse avoir l'idée de poursuivre
« un criminel dans une cour de justice (2). »

Pour obvier à des inconvénients de ce genre, les
Anglais ont imaginé plusieurs procédés plus ou moins
ingénieux.

C'est ainsi qu'au mois de juillet dernier la *Pall-Mall-
Gazette* ouvrait une souscription pour permettre à une
jeune fille, Miss Long, de poursuivre son séducteur.

(1) M. Babinet, *l. c.*
(2) *None, but a fool or a rogue, vill prosecute in an english court of justice.*

M. Alexis de Tocqueville raconte qu'on a vu les ha-
bitants d'un comté où un grand crime avait été commis
former spontanément des comités dans le but de poursuivre le coupable et de le livrer aux tribunaux.

Quelquefois la police fait couvrir la ville de placards
offrant une récompense de 100, 200, 300, livres sterling, selon la gravité du délit, à quiconque dénoncera le
malfaiteur ou aidera les agents à l'appréhender et à le
convaincre de son crime (1).

A Londres, il s'est formé des sociétés libres pour
suppléer à l'inertie du pouvoir central et protéger judi-
ciairement soit en général les femmes, les enfants, soit
certains commerçants associés. La *société protectrice des
animaux* présente, paraît-il, dans le genre un type de
bonne organisation; il est à regretter, remarque un
écrivain (2), que celle qui a pour but de préserver les
femmes du peuple contre les mauvais traitements de
leurs maris, grands amateurs de wisky, n'aboutisse pas
à des résultats pratiques aussi satisfaisants (3).

Enfin quelques villes importantes comme Leeds, Li-

(1) V. Max O' Rell, *John Bull et son île.*
(2)   id.,   id.
3. Les Anglais ont aussi imaginé des associations de rédemption ou de « *per-
sévérance* » dont le mécanisme ne manque pas d'originalité. C'est ainsi que
tous les ans, le 8 décembre, a lieu à la Mission-Chapel de Little Wild Street,
Drury-Lane, un banquet offert par les missionnaires de Saint-Gile's, aux voleurs
de Londres. Nombre de mendiants attirés par le fumet du rootsbeef n'hésitent
pas à se présenter au guichet d'admission en se déclarant coupables des crimes les plus imaginaires; mais M. Hatten, le directeur de la mission ré-
génératrice des voleurs, connaît son monde et n'admet que les escarpes ga-
rantis bon teint : cela n'empêche pas qu'ils soient fort nombreux. Après le
dîner la prière, et après la prière le meeting : celui du 8 décembre dernier était
présidé par M. Howard-Vincent, ex-chef de la sûreté et membre du Parlement,
qui a fait un éloquent appel aux voleurs présents pour les inviter à renoncer
à leur « détestable profession ». Sur l'estrade nombre de députés, de pairs et de
clergymen. Dans la salle, pas l'ombre de policemen. Le ministère de l'inté-

verpool, Manchester, lasses d'abus dont elles avaient souffert plus que les autres, ont su, depuis 1843, s'assurer les avantages d'une sécurité exceptionnelle en instituant au nom de la cité de véritables *publics prosecutors* qui ont obtenu des résultats inespérés.

Mais si l'absence d'un ministère public se fait grandement sentir pendant cette première phase du procès qui consiste à engager la poursuite, elle est plus regrettable encore au cours des autres périodes de la procédure. La mauvaise direction des affaires, l'absence de toute préparation, entraînent en effet les plus fâcheuses conséquences.

« Mettre la cause en état est une tâche qui exige de « la sagacité et une connaissance approfondie du droit « criminel, conditions qui ne se rencontrent guère chez « les *prosecutors* d'occasion et de hasard que le magis- « trat a désignés faute de mieux. De là procèdent di- « rectement, soit les erreurs du grand jury trop sévère « ou indulgent sans mesure, soit les acquittements « scandaleux, soit l'exagération des frais par l'appel « d'une armée de témoins inutiles (1). »

Lorsqu'il s'agit en effet, Messieurs, de transformer un prévenu en accusé, la procédure anglaise exige que le magistrat qui déclare la culpabilité présumée ne se borne pas à rendre une ordonnance de renvoi devant

rieur avait en effet donné des ordres sévères pour que nul agent ne vînt effaroucher les misérables accourus à cette succulente cérémonie.

En 1887, sur 20.000 voleurs libérés, la mission en a secouru 15.000 en les envoyant aux colonies avec du travail : 4.800 ont signé la formule du « serment de tempérance ». On voit que cette association philantropique (j'allais dire *filouthropique*) produit d'excellents résultats.

(1) M. Babinet, *l. c.*

le jury : il doit par une décision spéciale obliger les témoins, sous les peines légales, à comparaître au jugement, et désigner, si cela n'a pas été fait par la partie poursuivante, le *prosecutor* qui devra soutenir l'accusation.

On a vu retenir en prison des témoins étrangers dont on craignait le départ ; et le *clerck of arraings*, M. Hemp, représente les *attorneys*, même à Londres, assiégeant les Cours de police, distribuant leurs cartes aux plaignants et les harcelant pour être chargés de poursuivre.

Très souvent, lorsqu'il n'y a ni attorney, ni counsel désigné, et lorsque le magistrat a lieu de craindre, s'il s'adressait au plaignant lui-même, qu'il y eût abandon ou compromis, il est obligé de prendre le *prosecutor* en titre parmi les policemen.

Ceux-ci sortent ainsi de leurs attributions normales et prennent au procès un intérêt absolument opposé à leur mission naturelle, qui consiste à rechercher les preuves du crime et à apporter un témoignage impartial. De l'incompatibilité de ces fonctions diverses résultent l'excès de zèle qui aveugle, les efforts illégaux des agents de police pour arracher des renseignements ou des aveux, dont ils abuseront ensuite, et le scandale des avancements gagnés par le nombre des *convictions* ainsi obtenues. Les magistrats ont souvent signalé ces abus qui paraissent « monstrueux » au grand juge, sir A. Cockbrun. Mais, comme le disait M. Hatten, chef des constables de Staffordshire : « De deux maux, on choisit le moindre. »

Si nous suivons la procédure jusqu'au moment du *trial* ou jugement, nous y voyons, Messieurs, se manifester les conséquences déplorables du système que je viens de vous exposer.

C'est à cette dernière phase du procès qu'on a pu constater souvent la collusion de l'attorney du poursuivant avec celui de la défense pour amener l'acquittement.

Lord Brougham raconte qu'un fabricant d'ancres de Plymout avait été conduit, par un embarras momentané, à faire de faux billets. Il fut arrêté, emprisonné; mais il acheta le plaignant : celui-ci fit défaut et l'affaire en resta là.

Parfois, si le *prosecutor* n'est pas acheté, ce sont les témoins que l'on gagne.

Enfin, Messieurs, lorsque, après conviction, le condamné n'est pas détenu, c'est au *prosecutor* privé de procurer l'exécution du jugement. Il est triste de reconnaître que, même alors, il y a eu des exemples de trafic de la justice : en renonçant à l'exécution moyennant salaire, la partie poursuivante exerce, en réalité, le droit de grâce.

Mais, me direz-vous, s'il est à craindre que par suite de la mauvaise préparation des affaires, ou pour toute autre cause, il intervienne souvent en Angleterre des sentences mal motivées ou injustes, trop rigoureuses ou trop bénignes, la révision de ces sentences doit être facile; et devant les juridictions d'appel il est impossible qu'il n'y ait pas des garanties plus sérieuses pour assurer le triomphe de la vérité et de la justice.

« C'est, en effet, l'honneur des législations modernes
« d'avoir reconnu que le système le plus perfectionné,
« en matière de jugements, par cela seul qu'il sort de
« la main des hommes, n'est pas d'une perfection telle
« que l'erreur ne puisse s'y glisser. Voilà pourquoi, en
« même temps qu'elles multiplient autour de l'accusé
« les précautions et les garanties protectrices, elles
« ont cependant été conduites à rouvrir la voie à la
« révision et à la réhabilitation (1). »

Nous aimons, en France, à rendre hommage à la
sagesse pratique dont les Cours suprêmes font preuve
en ces occasions. Il suffit de jeter les yeux sur nos
recueils de jurisprudence pour se rendre compte des
excellents résultats obtenus, depuis le commencement
du siècle, par l'organisation de nos juridictions sou-
veraines.

On s'explique difficilement comment les Anglais, si
pratiquement libéraux dans leurs institutions, et pour-
vus, nous l'avons démontré, d'un système si défectueux
au point de vue répressif, n'aient pas cherché plus
promptement une garantie de liberté et de bonne
justice dans la création de Cours suprêmes chargées
de réviser et de corriger les erreurs trop fréquentes de
leur jury.

Jusqu'à ces dernières années, en effet, Messieurs,
la révision d'une sentence dont l'injustice était fla-
grante restait impossible dans le royaume de sa Gra-
cieuse Majesté.

(1) Cardinal Pie. Œuvres, t. IV, p. 343.

Ce n'est que par deux bills du 5 août 1873 et du 2 avril 1883 qu'on sut organiser enfin une Cour d'appel.

Hâtons-nous de le dire, ces lois sont des meilleures et des plus importantes dont peut, à juste titre, se glorifier le Parlement anglais. Elles ouvrent, sans contredit, l'ère de progrès et de réformes dans laquelle nos voisins semblent décidés à entrer et dont il me reste désormais à vous entretenir brièvement.

*
* *

Depuis 1820 les meilleurs esprits d'Angleterre avaient fait de louables efforts pour faire aboutir, devant le Parlement, la création d'un public prosecutor. Sans entrer dans l'historique complet de cette évolution de l'opinion des juristes; je dois vous citer quelques-uns des noms de ceux qui semblent enfin avoir réussi à acclimater, dans la Grande-Bretagne, la conception, si simple chez nous, si méconnue de l'autre côté du détroit, de l'action publique.

« Notre procédure, disait lord Denman, en ce qui « concerne l'enquête préalable, donne prise à de « graves critiques. La victime d'un délit peut être sans « protection, ignorante, intéressée, corrompue. Elle « est irresponsable, et cependant l'attitude qu'elle « prend à l'égard du coupable peut rendre la justice « impuissante. En thèse générale, il serait évidemment « désirable d'instituer un public prosecutor. »

Lord Brougham appuya énergiquement cette idée en 1833, et il était même sur le point d'en faire une expérience pratique lorsque son gouvernement fut renversé.

Je laisse de côté les nombreux bills présentés, sans succès, de 1854 à 1873, après les enquêtes faites sur l'organisation des poursuites criminelles, et j'arrive à l'opinion importante du lord chief justice d'Angleterre, sir Alexander Cockbrùn, qui écrivait, en 1874, dans un mémorandum distinct, adressé au Parlement et destiné à compléter le rapport de la commission royale des réformes criminelles : « Tant en théorie qu'en pra-« tique, toute poursuite pour un délit, quelque minime « qu'il fût, devrait être soumise au contrôle et, s'il était « nécessaire, à l'action d'un officier public nommé « par l'État et responsable envers lui. »

Les jurisconsultes dont je viens de parler, Messieurs, ne considéraient point, en effet, comme suffisamment protecteurs de l'ordre social les pouvoirs que la constitution anglaise confie à l'attorney general, assisté du solicitor general.

Sans doute, ces deux conseillers judiciaires de la Couronne dirigent parfois des poursuites au nom de l'État; mais ils sont en même temps avocats au bar- reau : c'est comme tels qu'ils se présentent au procès; et cette situation, qui compromet aux yeux du public leur indépendance, leur permet de n'exercer leur droit de poursuite que quand bon leur semble; en fait, elle aboutit souvent à cette anomalie bizarre d'un attorney general se chargeant, aux assises, de la défense d'un accusé en faveur de qui il aurait pu requérir *ex cathedra* une ordonnance de non-lieu.

Vous le voyez, Messieurs, la réforme était nécessaire : son utilité était reconnue incontestable par les hommes les plus éminents ; comment se fait-il qu'en somme on n'ait pu réussir qu'à la création d'un *directeur des poursuites criminelles*, dont l'intervention n'est que tout à fait exceptionnelle, et si rare, que, dans la discussion du bill qui a constitué cette nouvelle magistrature, le gouvernement n'a pas hésité à reconnaître que, dans sa pensée, le résultat probable de la loi serait le maintien du *statu quo* dans 99 cas sur 100 ?

La loi dont je parle, votée par le Parlement anglais le 3 juillet 1879, sous le nom de : « *The prosecution of offences act* », n'a commencé à recevoir exécution que le 1er janvier 1880 (1).

Au premier coup d'œil, on a peine à découvrir, dans les dix articles qui la composent et dont trois sont de pure forme, un résultat proportionné aux travaux considérables qui l'ont précédée.

Selon l'expression très juste de M. Babinet (2), cette loi, « loin d'instituer, — tant s'en faut, — un ministère « public, se borne à légaliser, sous forme d'essai pra- « tique plutôt que d'organisation définitive, l'interven- « tion d'une autorité centrale dans la poursuite des « affaires criminelles. »

Permettez-moi de vous donner très rapidement l'analyse des principales dispositions de ce document juridique :

Le *directeur des poursuites publiques* (tel est le titre que

(1) Cf. *Annuaire de la législation étrangère*, *loc. cit.*
(2) *Loc. cit.*

lui donne l'act de 1879) est chargé, sous la surinten-
dance de l'attorney general, d'intenter ou entreprendre
des poursuites et d'aider de ses avis ou assistance toute
personne engagée dans un procès criminel.

Il prend en mains l'action dans les cas qui paraissent
présenter de l'importance ou des difficultés, et dans
ceux où l'impuissance ou le refus d'une partie poursuivante rendent son intervention nécessaire.

Il peut être entouré *au plus* de six assistants nommés
par le ministre, qui leur assignera leurs fonctions, res-
sorts ou districts : l'attorney general pourra, en outre,
nommer quelques clerks, messagers et serviteurs.

Les greffiers doivent communiquer au directeur les
dossiers de toutes les affaires dans lesquelles il y aura
eu poursuite commencée, puis retirée du rôle.

Si le directeur abandonne ou néglige une poursuite
commencée, tout intéressé pourra en porter plainte
devant un juge de la haute cour.

Enfin, dispose l'article 7 : rien dans la présente loi
n'entravera le droit qu'a toute personne d'intenter,
entreprendre ou conduire n'importe quelle poursuite
criminelle.

Cette loi avait si peu atteint le but, Messieurs ; elle fut
si bien considérée par tous comme n'apportant aucun
remède à l'état de choses antérieur, que l'on continua
partout en Angleterre, de la part des personnages les
plus compétents, à écrire des pétitions, à dresser des
enquêtes pour amener enfin le Parlement à se décider
ouvertement pour la création d'un véritable ministère
public.

Je ne veux en apporter pour preuve qu'une lettre écrite au *Times*, le 5 mars 1883, par l'honorable sir Arthur Elliot, fils du comte de Minto et membre de la chambre des communes, pour le comté de Roxburg. Dans cette lettre l'éminent député tient à constater combien il serait désirable qu'on adoptât en Angleterre un système analogue à celui qui est établi en Ecosse, où les poursuites dans chaque circonscription judiciaire émanent d'un officier public local connu sous le nom de procureur fiscal. Ce fonctionnaire, ainsi que le Procureur de la République en France, est institué pour intenter d'office l'action répressive dans tous les cas délictueux, dans toute infraction aux lois importante ou légère, se livrant lui-même aux investigations préliminaires, recueillant les preuves, préparant les dossiers, livrant au solicitor general les coupables de crimes et poursuivant lui-même les délinquants moins considérables.

Malgré les conclusions données dans le même sens par une enquête dont fut chargée une commission royale, dans le but de se rendre compte du fonctionnement de l'office du directeur des poursuites publiques, la loi du 14 août 1884, la dernière qui ait été rendue sur l'objet qui nous occupe, s'est contentée de modifier et de développer sur deux points seulement l'institution créée en 1879.

La disposition la plus importante de cette loi est celle qui décide (art. 8) que le principal officier de police de chaque district sera tenu d'aviser le directeur des poursuites de toutes les infractions commises dans son ressort et qui sont susceptibles d'être déférées au jury.

L'art. 1ᵉʳ de la loi statue en outre que désormais les fonctions de directeur des poursuites publiques et de solicitor des affaires de Sa Majesté seront réunies sur la même tête.

Jusque-là en effet le directeur des poursuites criminelles *décidait* bien la poursuite mais ne la *conduisait* pas : cette tâche était dévolue au solicitor de la Trésorerie. « Par la fusion des deux emplois, dit M. Ba« binet (1), on a coupé court aux conflits qui pouvaient « naître entre les vues de l'attorney general et celles « d'un directeur des poursuites indépendant.

« On ne verra plus, comme dans l'affaire « l'État contre « Edmund Yates, directeur du *Monde* » les juges les plus « expérimentés dépenser de longues audiences en mai « 1883 à la Haute Cour de justice et en janvier 1885 à « la Cour d'appel pour vérifier si l'attorney general avait « pu poursuivre d'office une diffamation par la voie de « la presse contre lord Lonsdale, sans le *fiat* du direc« teur des poursuites publiques, qui semblait exigé « par l'art. 3 de la loi de 1881. Agissant en sa double « qualité, et par conséquent en la meilleure pos« sible, le poursuivant, en cas de besoin, se fût auto« risé lui-même. Il est vrai que le génie de la procé« dure aurait eu à regretter le développement majes« tueux d'une de ces controverses subtiles chères au « barreau anglais. Ajouterons-nous que le recueil des « anecdotes du Palais ne se serait pas enrichi de cette

(1) *Annuaire lég. étr.* 1885, p. 41.

« réponse du journaliste condamné, digne de notre
« Beaumarchais : — Je renonce à continuer la lutte et
« je me rends en prison, car vos Seigneuries m'ont dé-
« montré, d'une façon aussi lumineuse que *concise*, que
« lorsqu'il est écrit dans la loi : aucune poursuite cri-
« minelle ne sera commencée sans une certaine forma-
« lité préalable ; cela signifie qu'on peut s'en dispen-
« ser, la langue du droit n'étant pas celle de tout le
« monde. »

Il y a incontestablement, Messieurs, dans les lois com-
binées de 1879 et de 1884 un pas vers la réforme indispensable, un acheminement vers le progrès. Mais il n'y
a là, vous le voyez, qu'un essai ; un exemple de ce qu'on
appelle chez nos voisins la législation *permissive ;* simple germe susceptible de développements progressifs
dont l'expérience est chargée de révéler la nécessité.

Pourquoi donc cette timidité, cette modestie du
Parlement anglais, qui semble ne pas oser doter fran-
chement son pays d'une institution dont l'utilité est
démontrée et que réclament les meilleurs esprits ?

Manquait-t-on d'exemples ou de types, alors que
l'on avait le choix entre le système du ministère public
adopté sur le continent, et la pratique de l'Écosse, de
l'Irlande, des États-Unis, pays évidemment plus rap-
prochés par leur organisation judiciaire du régime
Anglais ?

***

Il faut le dire ici, Messieurs, les causes théoriques qui,
indépendamment de la question budgétaire, ont fait

reculer l'Angleterre devant une réforme plus radicale, ne sont autres, semble-t-il, que l'exemple des imperfections qui se sont glissées chez nous dans le fonctionnement de notre système de poursuites.

Pourquoi n'en conviendrions-nous pas, puisque dans notre pays on se préoccupe aussi, et à bon droit, de la question des réformes?

Et d'abord, Messieurs, quelqu'incomplète que soit l'action du directeur des poursuites publiques tel qu'il a été institué par l'act de 1879, les Anglais se sont préoccupés des abus qu'elle pourrait amener, et leur libéralisme a pris ombrage d'une intervention qui viendrait en certains cas limiter le droit de poursuite des parties lésées, restreindre ses effets, en empêcher la manifestation.

C'est cette préoccupation qui se traduit dans les dispositions finales de cette loi, que vous avez remarquées, et où il est dit : « Si le directeur abandonne « une poursuite, les parties lésées peuvent la conti- « nuer ; et rien ne peut mettre obstacle au droit qu'a « toute personne d'intenter, de poursuivre et de me- « ner à fin toute procédure criminelle. »

Ce principe peut être considéré comme parant à tous les dangers que peut présenter l'institution fortement organisée d'un ministère public. Nous devons avouer qu'il est trop méconnu en France.

Déjà, en vertu d'une jurisprudence ancienne, une ordonnance de non-lieu mettait obstacle à toute action ultérieure de la partie lésée. Allant plus avant dans cette voie, le projet de modification du Code d'instruction criminelle voté par le Sénat et soumis en ce moment à la Chambre des députés refuse aux parties lésées le droit de porter plainte au juge d'instruction. On peut dans ces conditions, étant donné que les magistrats des parquets sont les agents amovibles de tel ou tel gouvernement, craindre de voir en certains cas, et lorsqu'un intérêt politique est en jeu, étouffer des affaires : une pareille crainte ne peut exister en Angleterre.

C'est aussi, Messieurs, une question de prévoyance politique qui a préoccupé nos voisins lorsqu'ils ont restreint à l'institution d'un seul fonctionnaire, assisté de quatre ou cinq assesseurs, absolument insuffisants, le mécanisme de la direction des poursuites criminelles.

« Il est vrai, disait lord Campbell, pendant la dis-
« cussion de la loi, que la barre et la magistrature en
« France, à toutes les périodes de leur histoire, ont
« montré une grande indépendance ; mais cet éloge ne
« peut être adressé à tous les procureurs généraux. Il
« est difficile qu'ils ne soient pas influencés par l'inté-
« rêt personnel, alors qu'ils ne conservent leurs places
« que pendant la durée d'une dynastie ou d'un gouver-
« nement. »

Les abus du *patronage*, voilà la cause déterminante de l'inquiétude qui envahit tous les esprits à l'idée de couvrir le pays d'un réseau d'agents dépendant de tel ou tel ministère.

« Les partis anglais, dit M. Babinet (1), lorsqu'ils dé-
« tiennent le pouvoir, ont toujours fait preuve de cet

(1) *L. c.*

« esprit de prévoyance qui leur interdit de se servir
« d'une arme qui le lendemain pourrait se retourner
« contr'eux. »

« L'Anglais, ajoute M. Glasson (1), a toujours re-
« douté les abus de la puissance publique contre les
« individus, plutôt que les menaces des individus con-
« tre la société. »

Or, Messieurs, n'est-il pas vrai que nos voisins ont
quelque droit d'accueillir chez eux avec méfiance une
institution qui, à raison même de la force de son organisation, peut arriver à exciter les récriminations de
partis vaincus, molestés par les partis au pouvoir?

Ne m'est-il donc pas permis, en conséquence, de
me demander, avec quelques bons esprits, si l'on ne
remédierait pas chez nous victorieusement à ces dangers en créant un ministère public moins puissant
d'une part, et d'autre part absolument indépendant de
l'État?

On arriverait, ce me semble, au premier résultat : soit
en donnant à l'instruction, comme cela se fait en Angleterre, une certaine publicité; soit en permettant au
prévenu de communiquer librement avec son défenseur
dès les premiers instants de sa détention. Il faudrait
enfin faire disparaître de nos mœurs judiciaires cette
pratique inconcevable adoptée dans nos tribunaux
importants, et passée malheureusement à l'état de
règle, des procureurs généraux faisant eux mêmes la
répartition des dossiers entre les différents juges d'instruction : abus qui faisait s'écrier au grand Berryer :

(1) *L. c.* T. VI, c. VIII, p. 723.

« C'est le procureur général qui est chargé de la pour-
« suite, et c'est lui qui choisit le juge ; et nous som-
« mes en France, dans ce pays d'ordre légal, de rois
« justiciers ; et c'est dans ce pays où les institutions
« de justice ont toujours été si fortes, qu'on admet
« des juges choisis par celui-là même qui doit sollici-
« ter la condamnation? Je dis que c'est là un état de
« choses intolérable(1) ! »

On arriverait au second résultat en instituant des
procureurs généraux qui seraient non seulement
inamovibles, mais encore dans une situation telle que
l'appât de l'avancement et les promesses du pouvoir
ne pussent influer sur l'indépendance de leurs déci-
sions.

« Ce qu'il faudrait réformer, » disait à la Chambre
des députés l'honorable M. Jacques Piou, le 15 novembre 1887, lors de la dernière discussion du projet de loi adopté par le Sénat sur le Code d'instruction criminelle ; « ce qu'il faudrait réformer, ce serait
« l'organisation judiciaire tout entière... Ce qu'il fau-
« drait faire disparaître, ce n'est pas seulement une
« disposition malheureuse du Code de 1808, c'est
« cette hiérarchie si compliquée, si savante, qui
« entoure le magistrat, qui le prend dès le premier
« jour de son entrée dans la magistrature et l'en-
« traîne dans ses engrenages jusqu'au terme de sa vie
« judiciaire. Oui, je voudrais que si le Gouvernement
« n'a pas le pouvoir de le contraindre, il n'ait pas
« celui de le séduire. Oui, je voudrais qu'il ne puisse

(1) Discours à la Chambre des députés.

« pas plus exciter ses espérances qu'il ne peut
« éveiller ses craintes. Oui, je voudrais qu'il ne puisse
« pas obtenir de son ambition ce qu'il n'a pas le droit
« d'exiger de son obéissance. »

Ces souhaits émis très justement, Messieurs, à l'occasion des magistrats chargés de l'instruction, ne
pourraient-ils pas s'appliquer à toute magistrature,
même à celle qui n'a pour mission qu'une œuvre de
poursuite et de vindicte publique?

Les membres du parquet ne seraient plus alors les
mandataires de tel ou tel gouvernement ; ils seraient
uniquement les représentants de l'ordre social pris
dans sa conception abstraite, les défenseurs de la
justice morale absolue.

Vous m'objecterez, sans doute, que le ministère
public n'est qu'un plaideur, qu'il ne statue pas, qu'il ne
prononce pas, qu'il ne juge pas? Qu'importe! si son
pouvoir est encore assez grand d'une part et si,
d'ailleurs, les passions d'un parti peuvent exercer sur
lui assez d'empire, pour lui faire mettre en œuvre des
poursuites vexatoires et injustes, ou lui faire étouffer
des scandales que réprouve la conscience publique?

M. Goblet avait donc raison lorsqu'il disait, il y a
quelques années : « Plus on attache de prix à la liberté,
« plus il est nécessaire de la placer sous la protection
« d'une magistrature indépendante du pouvoir. »

*
* *

Une réforme dans le sens que je viens d'indiquer
serait sans doute l'idéal ; mais j'entends dire autour de

moi que, précisément peut-être à cause de cela, elle est difficilement réalisable.

Quoi qu'il en soit, Messieurs, et s'il est vrai que les institutions valent ce que valent les hommes, j'engage en terminant nos voisins d'outre-Manche à imiter les nôtres. Car j'ai confiance dans les destinées de mon pays ; et je ne crois pas qu'elle soit éteinte, cette vieille race de nos magistrats qui, plaçant au-dessus de tout le respect de leur dignité, ont pris comme règle de leur vie la religion et le culte de la Justice.

La Justice ! Messieurs : « cette vertu la plus belle de « toutes, la vertu tout entière descendue du Ciel et née « de Dieu, le lien du monde, la paix des nations, le « soutien de la patrie, la sauvegarde du peuple, la « consolation du pauvre, l'héritage des enfants, la joie « de tous les hommes, et l'honneur de ceux qui l'ad- « ministrent dignement (1). »

(1) Discours prononcé par S. F. de Sáles, alors avocat au Sénat de Savoie, à la séance solennelle du 24 novembre 1592.

3498. — Poitiers, Imprimerie BLAIS, ROY et Cⁱᵉ, 7, rue Victor-Hugo.

POITIERS
Imprimerie BLAIS, ROY et Cie
7, rue Victor-Hugo, 7

www.ingramcontent.com/pod-product-compliance
Lightning Source LLC
Chambersburg PA
CBHW060755280326
41934CB00010B/2497